LA
QUESTION DE PARIS

OU

DE LA TRANSLATION DU SIÉGE DU GOUVERNEMENT HORS DE PARIS

PAR

ALBERT DU BOYS

ANCIEN MAGISTRAT

> Multa sunt occulta reipublicæ vulnera, multa nefariorum civium perniciosa consilia... inclusum Romæ malum, intestinum ac domesticum est : huic pro se quisque nostrum mederi atque hoc omnes sanare velle debemus.
>
> (CICERO, orat. I, de Lege agraria, § IX.)

LYON

FÉLIX GIRARD, LIBRAIRE ÉDITEUR
Rue Saint-Dominique, 6

PARIS
MÊME MAISON, RUE CASSETTE, 30

—

1871

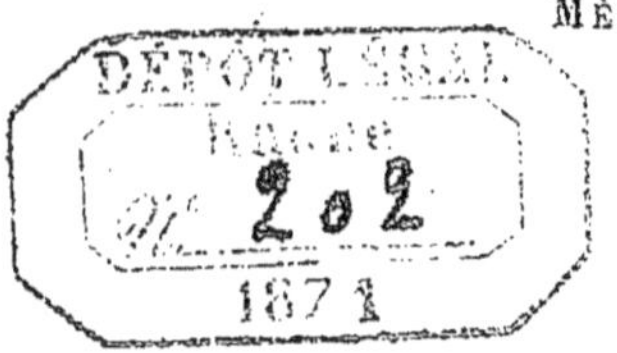

AVANT-PROPOS.

———✦———

A travers les différences de temps, de mœurs, de civilisation, les mêmes passions se retrouvent toujours dans l'humanité. Avant l'ère chrétienne, le peuple de Rome, *plebs romana*, était soulevé par des factieux qui proposaient une loi agraire impossible et subversive de l'ordre public ; à ce sujet, Cicéron adressait aux tribuns du peuple, en les adjurant de se désister et de calmer l'irritation populaire, les paroles suivantes :

« La république nourrit dans son sein mille plaies
« secrètes ; des citoyens pervers forment contre elle
« mille projets pernicieux... : C'est au cœur même de
« Rome qu'est le mal, mal profond, mal domesti-
« que et intime : nous devons chacun, autant qu'il

« est en nous, y apporter remède et travailler tous à
« le guérir (1). »

Nous pouvons déplorer aussi les plaies secrètes de
notre république et les séditions qu'excitent des citoyens pervers ; nous avons à combattre, comme le
consul romain, la grande loi agraire du xix° siècle,
c'est-à-dire le socialisme international. Enfin, de même
que le mal avait pénétré au cœur de Rome, il se con-
centre et fermente au cœur de Paris, et tous nous
devons travailler à le guérir.

Nous aurons donc à examiner les propositions de
nos nouveaux tribuns, c'est-à-dire le plan de la Commune de la ville de Paris, dont l'exécution a été si dé-
plorablement essayée. Il nous faudra ensuite étudier
les remèdes les plus immédiats, les plus urgents, pour
tâcher de soustraire la France aux mauvaises influences de la capitale.

Nous ferons cette étude avec la conscience la plus
scrupuleuse ; à Dieu ne plaise que nous cédions jamais aux entraînements de deux passions détestables,
l'injustice et la haine !

Au reste, nous devons le déclarer en commençant,
nous ne nous plaçons ici à aucun point de vue particulier, pas plus à celui de la monarchie qu'à celui

(1) Voir l'épigraphe au frontispice.

de la république. Les considérations que nous aurons à faire valoir s'appliqueront, au besoin, à toutes les formes de gouvernement.

Un républicain, non moins qu'un monarchiste, pourra les agréer ou les combattre. Elles sont d'un autre ordre, elles appartiennent à une sphère plus générale; elles garderont toute leur valeur, si elles en ont, quel que soit le régime auquel nous serons soumis, pourvu que nous soyons un pays qui veuille faire de la bonne politique, et une société qui veuille vivre.

LA QUESTION DE PARIS

CHAPITRE PREMIER.

DES PRÉTENTIONS COMMUNALES DE PARIS.

Il faut constater en commençant à quelles aberrations était arrivée la vanité parisienne demandant l'établissement d'une grande Commune, qui aurait été souveraine, ou au moins indépendante.

Distinguons cependant entre les procédés de la Commune de Paris et les idées politiques qui lui ont donné naissance.

Personne ne défend les procédés de la Commune de Paris. C'est la première fois peut-être que le vol et le pillage sont, non seulement tolérés par une insurrection politique, mais encore recommandés et employés comme moyens de gouvernement. Mais si tout le monde condamne de telles horreurs, il ne manque pas de gens qui justifient, ou, tout au moins, excusent l'origine du mouvement parisien.

« Le gouvernement et l'Assemblée, disent-ils, n'ont pas
« voulu prendre en considération la demande de la capitale de
« fonder une fédération des grandes villes de France, ni d'avoir

« une indépendance souveraine dans son propre sein ; le gou-
« vernement et l'Assemblée ont montré trop de dédain pour
« des prétentions qui avaient quelque fondement. » Eh bien !
discutons sérieusement les deux points principaux de ces prétentions, et voyons si de telles demandes peuvent soutenir un
examen approfondi.

I

L'idée d'une fédération de communes ou villes libres n'est
pas nouvelle : elle fut réalisée au moyen âge par la Ligue lombarde et par l'Union des villes hanséatiques. Ces institutions
purent être bonnes dans un temps où tout était morcelé :
elles n'étaient pas appelées à rompre une unité qui n'existait
pas.

En Lombardie, des villes importantes se liguèrent pour
maintenir leur sécurité et leurs libertés, parce qu'elles étaient
très-mal protégées par l'autorité lointaine de l'empereur ou roi
des Romains contre les entreprises de la féodalité locale, et
qu'il fallait bien qu'elles se protégeassent elles-mêmes. Du reste,
cette ligue, dont Milan devint la capitale, ne dura pas même
un siècle (1), quoique fondée dans des circonstances très-favo-

(1) De 1167 à 1257. Elle avait remporté en 1176 sur Frédéric Barberousse
la victoire de Legnano, qui fut suivie de la paix de Constance. Il faut remarquer que c'est précisément la fédération des communes italiennes et lombardes
qui, en se brisant, a produit le démembrement et la division de l'Italie en petites républiques municipales, en petites principautés indépendantes. Et voici
que de l'autre côté des Alpes la révolution veut l'unité italienne avec passion,
tandis qu'elle poursuivrait en France l'idée fédérative ! C'est à n'y rien com-
rendre.

rables. On sait que Milan tomba tour à tour sous la domination tyrannique des La Torre, des Visconti et des Sforza.

La société ou ligue hanséatique dura plus et s'étendit bien davantage. On en attribue l'origine à un traité formé dans le treizième siècle entre Hambourg et Lubeck, par lequel ces deux villes s'engageaient à défendre leur sécurité et leur indépendance contre les entreprises des princes et seigneurs du voisinage, et à protéger leur commerce contre les déprédations des pirates de la Baltique. A Hambourg et Lubeck se joignirent bientôt un grand nombre d'autres villes commerçantes, telles que Brême, Bruges, Berghen, Nowogorod, Londres, Cologne, Brunswick, Dantzick, et plus tard, Dunkerque, Anvers, Ostende, Dordrecht, Rotterdam, Amsterdam, etc. Il y a eu même accession partielle à cette ligue de Calais, Rouen, Saint-Malo, Lisbonne, Naples, Messine, et de plusieurs villes de France et d'Italie.

Il faut d'abord remarquer que c'étaient les armateurs et les riches commerçants de la Hanse qui s'étaient mis à la tête de cette vaste association. Une bourgeoisie riche et puissante à Hambourg, à Lubeck et dans toutes ces villes s'était transformée en véritable patriciat. De tels hommes n'avaient rien de commun avec les vagabonds de l'Internationale ou les petits tyranneaux de la Commune de Paris.

Ensuite on était bien obligé d'avoir recours aux associations privées pour faire régner la sécurité que les souverains de cette époque étaient impuissants à établir, et qui est absolument nécessaire aux relations commerciales.

Mais lorsque, à la fin du quinzième siècle, il se forma des Etats assez civilisés pour garantir l'ordre et fonder fortement la police sociale, on vit la Hanse se dissoudre peu à peu d'elle-même ; au seizième elle se réduisit à trois villes, Hambourg, Brême et Lubeck.

D'ailleurs, convenons-en de bonne foi, la société du dix-neuvième siècle n'a rien de commun avec celle du treizième. La piraterie est détruite partout, même chez les Barbaresques des côtes de l'Afrique. Les guerres privées et les incursions féodales nous deviennent aussi inconnues que la féodalité elle-même. En France surtout, grâce à l'excellente police du gouvernement central, le brigandage des grandes routes est un fait à peu près inouï. Quel besoin, quel prétexte y aurait-il pour fonder une fédération entre nos grandes cités, sur le modèle de la Hanse et de la Ligue lombarde ? Je ne connaîtrais pas au monde de plus intolérable anachronisme.

Voici cependant ce que nous lisons dans la proclamation du conseil fédéral des sections parisiennes de la Société internationale (*Journal officiel* du 27 mars) :

« Les délégués de la commune affranchie feront non seule-
« ment la constitution, mais les lois de la cité ; ils administre-
« ront la justice, la guerre, les finances, établiront les impôts,
« *détermineront l'application progressive des réformes so-*
« *ciales.* »

Ce sont bien là tous les droits de la souveraineté ; mais voici qui est encore plus fort :

« Fédérée avec les communes de France déjà affranchies, la
« Commune de Paris devra, en son nom et au nom de Lyon,
« de Marseille et bientôt peut-être de dix grandes villes, étu-
« dier les clauses du contrat qui devra les relier à la nation,
« et *poser l'ultimatum du traité qu'elles entendent signer.* »

Si une pareille fédération s'établissait aujourd'hui en France, dans le but de tenir sous le joug les campagnes et les petites villes, dont l'esprit diffère de celui de Paris ou de Lyon, il se formerait bientôt des *contre-fédérations*, et ce serait une source de guerres interminables.

De plus, cette espèce de décentralisation ou plutôt de sécession nous affaiblirait infiniment devant l'étranger : la France ne pourrait plus faire la guerre ou la paix sans avoir l'agrément de Paris, Lyon, Marseille, etc., et si elle voulait passer outre, malgré leur résistance, elle n'aurait ni l'alliance de ces villes, ni leur contingent en hommes et en argent, ni peut-être même leur neutralité.

Ce serait un commencement de dissolution de la France.

Remarquons ici que cet esprit d'individualisme ou au moins de particularisme est tout ce qu'il y a de plus contraire au patriotisme républicain. « Dans une république, dit un publiciste
« moderne, aucune idée particulière n'a le droit de s'imposer ;
« toute idée a le droit de se proposer, et si elle se fait majorité,
« de s'écrire dans la loi par la main du législateur. Quand un
« homme ou un parti a exprimé publiquement son opinion,
« alors commence pour le peuple le droit de la juger, et s'il
« l'accepte, de lui donner la préférence dans l'urne électorale.
« L'urne une fois vidée, le rôle du peuple est fini à son tour ;
« vient ensuite le rôle de l'Assemblée, c'est-à-dire de l'élite in-
« tellectuelle de la nation. »

Et le même auteur ajoute : « La république doit être la
« forme de l'ordre autant que du progrès ; car l'un est à l'au-
« tre ce que la santé est au corps humain. Si elle est venue
« pour quelque chose, *c'est pour empêcher à jamais toute lutte*
« *armée entre citoyens*, en fermant tout prétexte à une révolu-
« tion. Aussi un parti révolutionnaire en pleine démocratie
« est un monstrueux paradoxe. En faisant feu sur le pouvoir,

« il tire sur son propre principe. Le malheureux commet un
« suicide. Que la terre lui soit légère (1) ! »

Le particularisme, en présence du suffrage universel, quand
il est poussé aux dernières conséquences et qu'il se traduit en
actes, devient la guerre civile. Cette guerre est un suicide, dit
M. Pelletan ; et nous, nous disons : C'est un parricide, car elle
déchire le sein de la patrie.

Ajoutons qu'une telle guerre déshonore la république et la
rend presque impossible ; car elle a été fondée sur le principe
de l'autorité du plus grand nombre, comme étant un principe
clair et indiscutable. Si ce principe est méconnu, s'il est anéanti
par des discussions, des distinctions et des subtilités sans
fin, nous n'avons plus d'autorité sociale, plus de république ;
il ne nous reste que l'anarchie !

C'est ce qu'avait très-bien senti un publiciste célèbre, M. de
Cormenin, qui passait, en 1848, pour un républicain de la
veille, et qui s'exprimait ainsi au sujet du fédéralisme :

« La dictature de la Convention, les sociétés populaires des
« districts, les pouvoirs dont *s'investissaient extra-légalement*
« *les municipalités*, ont pu être des moyens formidables pour
« détruire l'ancien régime ; ils ne vaudraient rien pour orga-
« niser en permanence, même un régime républicain.

« ... Avant la liberté des communes, la liberté des citoyens ;
« avant la liberté des citoyens, l'indépendance du pays.

« J'insiste : il ne faut par relever, en face de l'Europe ar-
« mée, le drapeau, le nom, les démarcations, les franchises et
« les priviléges des anciennes communes et des anciennes pro-
« vinces. Il ne faut pas diviser pour régner, délier et répandre

(1) *Heures de travail*, par Eugène Pelletan, tome II, pages 162-164.

« les faisceaux du pouvoir, organiser des centres hors du cen-
« tre, des Etats dans l'Etat, et des volontés qui ne soient pas
« la volonté nationale. Il ne faut pas barrer, par les institutions
« du fédéralisme, le courant impétueux et fort de la grande
« unité française (1). »

II

Mais à défaut de la fédération, Paris, dit-on, veut une indépendance souveraine et absolue. Examinons cette thèse
nouvelle.

Remarquons préalablement qu'il y a plusieurs Paris dans
Paris ; c'est-à-dire il y existe divers courants d'opinion et d'esprit public qu'il faut soigneusement démêler au sein de la confusion où est plongée maintenant la grande capitale.

Ecartons en commençant le Paris des bandits et des repris
de justice, qui, expulsés par le général Trochu, sont revenus
triomphalement piller les églises, emprisonner les prêtres et
se mettre à la disposition du prétendu général Cluseret... pour
les expéditions de l'intérieur.

Prenons le Paris qui avait choisi les anciens maires pour ses
organes, et qui se groupait autour de l'amiral Saisset, dans le
quartier de la Bourse et de la Banque.

Eh bien ! même dans ce Paris beaucoup plus moral et beaucoup plus sensé, il existe encore bien des prétentions dérai-
sonnables.

Les Parisiens, privés sous les gouvernements précédents de
leurs franchises municipales, les réclament avec ardeur en fai-

(1) Cormenin, *Droit administratif*, introduction, tome Ier, page xvi.

sant valoir les services rendus à la France par le long siége qu'ils ont soutenu contre les Prussiens.

Mais qu'entendent-ils par leurs franchises ? Le voici : ils ne veulent pas seulement élire leurs conseils municipaux ; ils prétendent aussi nommer leurs maires qui seront chargés de nommer le maire général de Paris.

Quant à la garde nationale, ils exigent que tous les grades, même les grades supérieurs, soient donnés à l'élection, et que les officiers élus élisent à leur tour le général en chef.

De sorte que toute la police ainsi que la force armée seraient à la disposition exclusive de la ville de Paris, sans aucun compte à rendre au gouvernement.

Ce n'est pas tout. Paris prétend concilier avec son autonomie et conserver dans l'avenir le siége du gouvernement et de l'Assemblée constituante ; il veut faire garder et protéger par sa *force armée* le pouvoir exécutif et le pouvoir législatif. On ne parle pas du pouvoir judiciaire, qui a besoin, lui aussi, d'une force armée spéciale pour assurer l'exécution de ses arrêts (1).

Que deviendrait alors l'indépendance de ces pouvoirs, qui

(1) Voici comment le jurisconsulte Loyseau jugeait, vers la fin du seizième siècle, ces *communes* qui usurpaient tous les droits de souveraineté, même celui de la justice :

« L'expérience de ces derniers temps nous a fait assez paroistre qu'il n'est « pas à propos, parmi la malice du monde, de laisser le glaive de la justice « en la main d'une populace furieuse, où les meilleurs *brigueurs* brigandent « les autres. » (LOYSEAU, *Des Justices de village*, fol. v.)

Or la question militaire est étroitement liée à celle de la haute justice. Pour que force reste à justice, il faut que la force et la justice restent dans les mêmes mains.

émanent de la France et qui doivent représenter la France ?
La garde nationale de Paris tiendrait donc le gouvernement du
pays en tutelle. Cette garde serait pour *sa commune* contre le
pouvoir exécutif ; elle ferait pis encore : elle ne manquerait
pas, dans l'occasion, d'ouvrir ses rangs aux manifestations populaires d'une multitude en délire.

Nous verrions donc se renouveler incessamment ces révolutions, toujours fatales à la France, qui troublent pour longtemps
l'ordre social, et portent des coups mortels à tous nos intérêts
agricoles, industriels et commerciaux. On verrait s'établir dans
notre pays, jusqu'à présent si fier de sa civilisation, cette fièvre
intermittente des *pronunciamientos*, qui mine l'existence des
républiques du sud de l'Amérique ; régime plus mauvais encore que celui du Bas-Empire, et dans lequel une nation ne fait
que se débattre misérablement, jusqu'à ce qu'elle périsse sans
retour.

Mais, disent les plus modérés de ce groupe des Parisiens, les
pouvoirs exécutif et législatif pourraient se faire garder par
l'armée permanente de l'Etat.

Et vous ne voyez pas que cette armée serait sans cesse aux
prises avec l'armée permanente de l'anarchie, c'est-à-dire avec
la garde nationale, telle que vous voulez la faire et la composer ?
Ce serait l'organisation de la guerre civile.

D'ailleurs les Parisiens pur sang ne font pas cette concession.
Suivant eux, ce serait manquer de confiance à la garde nationale de Paris, ce serait l'outrager que de ne pas lui confier la
garde de l'Assemblée constituante.

Mais enfin on se pose cette question, même dans les provinces : Le gouvernement ne fera-t-il rien pour Paris ? A cela la
réponse est aujourd'hui très-facile.

2

Ainsi que l'ont toujours dit l'Assemblée nationale et M. Thiers, Paris sera traité comme les autres grandes cités de la France, comme toutes les autres villes au dessus de vingt mille âmes, c'est-à-dire que les maires, d'après la nouvelle loi, y seront nommés par le gouvernement.

Mais il est fort à craindre que Paris ne veuille pas supporter le droit commun. Paris, sous le régime de l'égalité, voudra encore des priviléges. Il prétendra se constituer et s'organiser à sa guise. L'Assemblée, dira-t-il, n'a pas à lui dicter ses lois municipales ; c'est à lui de les faire sans aucune immixtion étrangère. C'est ce qu'il appelle son autonomie.

On retrouve là le principe suranné des anciennes communes de Gand, de Bruges et de Liége ; on sait que de sang il fit verser dans le moyen âge ! Mais aujourd'hui, n'est-il pas plus inconciliable que jamais avec la centralisation gouvernementale, avec l'autorité de la république une et indivisible ? Ne nous lassons pas de le redire, et de protester contre cette autonomie menaçante.

Je sais bien qu'à côté de ce Paris affolé, qui croit poursuivre la liberté en demandant le privilége, il y a un Paris religieux, un Paris scientifique et littéraire, un Paris industriel et commerçant, enfin un Paris vraiment civilisé qui regrette et désavoue ces prétentions exorbitantes ; mais les voix des sages, au milieu de cette sédition colossale, sont couvertes par le tumulte de la foule.

Que s'il devient nécessaire d'accorder à Paris des franchises municipales un peu étendues, il faudra choisir une autre ville pour siége du gouvernement et de l'Assemblée. C'est ce que nous aurons à examiner dans les chapitres suivants.

CHAPITRE II.

LA TRANSLATION DU GOUVERNEMENT HORS DE PARIS CONSIDÉRÉE COMME QUESTION DE PAIX INTÉRIEURE.

La révolution, qui a toujours concentré à Paris ses principaux moyens d'action, a réussi jusqu'ici en agissant sur les gouvernements par la contrainte, sur les assemblées par la terreur. Or, cette fois, on a fait le vide autour d'elle ; elle n'a trouvé ni assemblée à terroriser, ni gouvernement à violenter. On n'a pas même vu, dans ce mouvement révolutionnaire, un prétexte, une fiction de légalité. C'est la violation ouverte de tous les droits, de toutes les conditions de l'ordre social.

La révolution n'a pas eu sous sa main un gouvernement qui pût lui servir d'instrument, et qu'elle eût ensuite brisé, quand elle aurait pu s'en passer, après avoir fait des progrès et acquis une certaine consistance. Elle n'a donc pas pu suivre sa marche ordinaire. Cela l'a déconcertée. Mais depuis six mois elle travaillait dans l'ombre ; de tous les points de la France et même de plusieurs parties de l'Europe, elle avait réuni des aventuriers audacieux qui ont consacré leur vie à conspirer contre l'ordre social. On était prêt : le gouvernement était en quelque sorte vacant à Paris ; malgré elle, elle se sentait poussée en avant ; elle a été obligée de franchir d'un bond tous les degrés intermédiaires par lesquels elle passe ordinairement, afin de moins effaroucher les esprits, de moins brusquer l'opinion, de faire accepter peu à peu ses plus monstrueuses prétentions politiques et de rendre ses triomphes un peu plus durables.

On ne peut s'empêcher de remarquer, en passant, que ces partisans de la *guerre à outrance* ont tout d'abord déclaré se contenter parfaitement de la paix telle qu'elle a été conclue : ils tâchaient de vivre en bon voisinage avec l'armée prussienne, dont ils redoutaient par dessus tout l'intervention.

La guerre à outrance n'était donc, pour les hommes de la Commune de Paris, qu'un prétexte et non une conviction.

Quoi qu'il en soit, Paris pourra-t-il désormais être ville libre et rester le siége du gouvernement?

Il semble presque que poser cette question, c'est la résoudre. Une ville où couvent de tels éléments de désordre, où le pouvoir législatif et le pouvoir exécutif sont toujours menacés d'une surprise qui remet en question le sort de la France entière, cette ville ne saurait offrir à un gouvernement une sûre hospitalité.

On a prétendu qu'une décentralisation bien organisée ferait contre-poids à la puissance politique de Paris. C'est-à-dire que des conseils provinciaux, fonctionnant depuis longtemps et très-solidement assis, pourraient offrir aux honnêtes gens des points de ralliement et de résistance contre les entraînements révolutionnaires de la capitale. Mais ce serait se vouer à des guerres civiles incessantes. Ne vaudrait-il pas mieux les prévenir ?

Est-ce que, par hasard, la décentralisation n'existe pas aux Etats-Unis ? Cela n'empêche pas pourtant que l'on s'y méfie des grandes villes. Les Etats-Unis ont Washington pour capitale

fédérale. C'est une ville peu considérable, sans aucune autonomie municipale ou politique.

L'Etat particulier de New-York n'a pas voulu non plus de
New-York pour capitale. C'est une petite ville de ce même
Etat appelée Albany qui est le siége de la législature et du gou-
vernement.

Enfin, dans le temps où la France avait une décentralisation
plus forte que celle que l'on tenterait d'organiser aujourd'hui
par décret gouvernemental, sous Charles VI, n'a-t-on pas vu
à Paris les scènes démagogiques les plus dégoûtantes ? N'est-ce
pas alors que Simonet Caboche, aidé de cinq cents bouchers,
ses confrères, assassina le prévôt des marchands, Pierre des
Essarts, s'empara de la Bastille, mit la main sur la personne du
Dauphin et le força d'arborer le chaperon blanc, ce qui était le
bonnet phrygien de cette époque ?

Il n'y avait pas de centralisation en France, quand les Seize,
ces démagogues de la Ligue, assassinèrent de respectables magistrats et firent trembler Paris par les excès de leur fanatisme.

L'œuvre de la centralisation n'était pas encore bien avancée,
quand la Fronde, dont quelques uns de nos historiens ont trop
atténué l'importance, ensanglantait à plusieurs reprises Paris et
ses faubourgs.

Quant au Paris de 1790 et de 1791, ce n'est pas nous qui
chercherons à décrire ce foyer révolutionnaire ; c'est à Mirabeau que nous en emprunterons la peinture. Voici ce que le
célèbre tribun écrivait à son ami le comte de la Marck, le jeudi
30 mars 1790 :

« Paris est perdu, si on ne le rappelle pas à l'ordre, si on
ne le contraint pas à la modération. Ses consommations le met-
tent à la merci du reste du royaume, et sa perte inévitable se-

rait dans la prolongation de sa tyrannique anarchie, *à laquelle n'ont d'intérêt que ses chefs trompés ou trompeurs*, et jetés hors de toute mesure par leurs propres excès.

« Il ne faut pas croire que les provinces soient, je ne dis pas à la hauteur de Paris,... mais à la température de son immoralité profonde, de *son mépris pour la propriété*, de son insatiable désir de tout bouleverser, de tout prendre, de tout ravir.

« Jamais autant d'éléments combustibles ne furent réunis dans un tel foyer. *Cent folliculaires dont la seule ressource est le désordre*, une immense populace accoutumée à tous les crimes et à tous les succès,... la réunion sur le même point de tous les auteurs de la révolution et de ses principaux agents; dans les basses classes, la lie de la nation; dans les classes plus élevées, ce qu'elle a de plus corrompu, voilà ce qu'est Paris ! Or, cette ville connaît toute sa force; elle l'a exercée...

« Quelques hommes pervers croient peut-être que dans une grande démocratie les chefs de Paris seraient les chefs du royaume; peut-être pensent-ils qu'en remplaçant l'autorité publique par des autorités partielles, une ville *si imposante par sa masse* n'aurait plus de contre-poids. Quels que soient leurs systèmes et leurs vues, il est certain que Paris est la dernière ville du royaume où on remettra la paix. »

On reconnait là la rare intuition d'un véritable génie politique. Paris en 1790 n'avait pas un million d'habitants, et déjà Mirabeau craignait qu'une ville *si imposante par sa masse* n'eût pas de contre-poids possible. Il prédit que la perte inévitable de cette grande capitale serait dans la prolongation de sa tyrannique anarchie, *à laquelle n'ont d'intérêt que ses chefs trompés ou trompeurs.*

Toutes les raisons qu'il donne ont acquis une force décuple, pour ainsi dire. Certes, depuis 1790, l'immoralité de Paris *et son mépris pour la propriété* n'ont pas diminué, la populace s'est de plus en plus accoutumée aux succès du crime, et la révolution a su y réunir ses agents les plus entreprenants et les plus audacieux.

Depuis ce temps, Paris a connu de mieux en mieux *sa force* et ne l'a que *trop souvent exercée.*

Non seulement il a renversé en 1793 une dynastie séculaire, en la noyant dans le sang ; non seulement il a chassé de France des familles royales et impériales en 1830, en 1848, en 1870 ; mais il n'a pas mieux respecté, à plusieurs reprises, les assemblées représentatives de la France entière que les souverains qui étaient à sa tête.

Depuis la journée néfaste où la tête du député Féraud fut présentée au président Boissy d'Anglas, jusqu'à celle du 4 septembre dernier, où quelques centaines d'hommes ont envahi le Corps législatif au Palais-Bourbon, et où quelques milliers à peine seraient allés proclamer la république à l'Hôtel-de-Ville, combien de fois la représentation nationale n'a-t-elle pas été ou violentée ou dispersée par la populace parisienne ? Or, une république est-elle possible, quand la population au milieu de laquelle siégent les députés qui ont été régulièrement élus par le pays tout entier ne les respecte pas comme l'image même de la patrie, quand elle croit pouvoir leur imposer ses caprices sanguinaires, ainsi qu'en 1792 et 1793, ou leur faire la guerre, comme au mois d'avril 1871, par cela seul qu'ils lui déplaisent, et qu'ils n'adoptent pas, par exemple, les principes de l'*Internationale*, ou ceux d'un jacobinisme impie et anti-social ? Non, ce n'est pas ainsi que l'on fonde de grandes institutions républicaines et libres. La capitale, honorée par la présence du gouvernement et des représentants de la France, doit avoir pour eux une vénération patriotique, ou renoncer à les posséder dans son sein.

Un roi peut fuir sa capitale sans perdre sa couronne ; il trouve dans le reste de son royaume des ressources qui lui permettent de tenir tête à un orage de place publique ou à un soulèvement de faubourgs. Mais quand une représentation nationale a été une fois envahie, son prestige est détruit ; elle est en quelque sorte frappée dans les sources mêmes de sa vie comme dans les conditions essentielles de son honneur.

On n'a pas vu d'exemple, au moins parmi nous, d'une représentation nationale constituée et siégeant à Paris, laquelle, chassée par la population, serait allée se reformer ailleurs en revendiquant son autorité légitime et en convoquant autour d'elle les forces de la France (1). Un fois violée par l'émeute, une assemblée législative ou constituante ne peut guère recouvrer le sentiment de sa liberté ou de son indépendance ; elle semble irrévocablement perdue.

La république serait donc encore bien plus exposée que la monarchie à ces surprises de la rue, qui ôteraient le pouvoir à la France pour le mettre entre les mains d'une populace accoutumée à tous les succès de la cupidité, de la bassesse et du crime.

Peu importe que cette populace règne directement par ses propres agents, comme elle l'a fait à Paris pendant deux mois, ou qu'elle opprime, même sans la disperser, une assemblée que lui envoient les provinces.

(1) Au mois de mars 1871, quelques membres de l'Assemblée nationale étaient venus individuellement à Paris en devançant la décision prise à Bordeaux ; mais ils ne s'étaient pas constitués en corps en prenant possession du Palais-Bourbon.

Ne citons pour preuves qu'un petit nombre d'exemples.

Après avoir préparé et fait triompher le 10 août et pesé sur l'Assemblée législative pour assurer l'impunité de ces attentats contre l'inviolabilité constitutionnelle du roi, les clubs populaires et les clameurs d'une multitude en délire pesèrent encore sur la Convention, quand elle prononça la mort de Louis XVI ; cette sentence néfaste ne fut prononcée qu'à cinq voix de majorité. Plus de cent voix peut-être furent arrachées par la terreur.

Ailleurs qu'à Paris, une assemblée française n'aurait jamais voté le régicide.

Cette pression de la populace parisienne explique également au sein de la Convention la proscription des Girondins, qui représentaient la modération relative des provinces et leur résistance aux excès sanguinaires des Robespierre, des Chaumette et de leurs séides.

Dans une autre ville que Paris, les Girondins auraient eu la majorité ; ils n'auraient donc pas porté leurs têtes sur l'échafaud.

Quand la représentation nationale refuse de se laisser dominer par la population parisienne, celle-ci la chasse par un coup de main, si elle le peut, s'empare du pouvoir exécutif, et le confère à ses favoris du jour, en les chargeant de lui faire une France à son image.

Si Mirabeau s'écriait en 1790 : *Nulle part on n'a réuni autant d'éléments combustibles dans un tel foyer !* que ne dirait-il pas de Paris depuis 1830 et surtout depuis 1870 ! Ce ne sont plus les éléments révolutionnaires et combustibles de la France, ce sont ceux du monde entier qui y ont été entassés pour allumer un effroyable incendie.

Eh bien ! la France se lasse d'envoyer dans sa capitale une représentation qui pourra être ou opprimée on renversée sans cesse par les caprices populaires les plus tyranniques et les plus stupides qu'on puisse imaginer.

En 1830, la Chambre des députés eut la faiblesse de transiger avec l'émeute ; cette émeute avait été accomplie au nom de la Charte, et elle exigea la radiation du plus essentiel des articles de cette Charte, l'hérédité de la dynastie. Un grand nombre des deux cent dix-neuf députés (1) n'auraient pas signé avant le succès de la sédition cette violation de la loi fondamentale ; ils la sanctionnèrent après le succès. Il y eut donc encore à cette occasion une violence morale faite à la représentation du pays.

En 1848, la majesté de l'enceinte législative fut encore plus directement et plus outrageusement violée. Le lendemain, toute la France apprit par le télégraphe qu'elle était devenue une république. Mais cette république, tempérée par le bon esprit des provinces, devint trop modérée et trop honnête elle ne satisfit pas le prolétariat parisien, qui voulait une *reconstitution sociale*. De là la tentative du 15 mai contre l'Assemblée constituante ; de là encore les sanglantes batailles de juin, qui au moins se terminèrent en quatre journées.

Au 4 septembre 1870, la populace de Paris non seulement a renversé l'empire, mais brisé le Corps législatif et désorganisé tous les pouvoirs existants, et cela en présence de l'ennemi qui couvrait notre territoire et arrivait sur la capitale à marches forcées.

(1) On sait que 221 députés avaient signé l'adresse qui impliquait le refus de concours ; 219 proclamèrent Louis-Philippe et la nouvelle Charte.

On perdait ainsi en orgies politiques le temps qui était si
précieux pour la défense nationale. Et qui choisissait-on pour
réorganiser et exercer le pouvoir? Les douze députés de Paris
qui étaient chargés de gouverner la France entière. Nul député
des provinces ne fut appelé à partager cette mission.

L'audace hautaine des Parisiens s'est montrée jusque dans la
manière dont ils sont venus négocier une transaction avec l'Assemblée nationale, à Versailles, le 23 mars dernier. Leurs
maires, revêtus des insignes municipaux, ont voulu entrer au
milieu de l'enceinte législative, et obtenir, comme on le disait
aux plus mauvais jours de la Révolution, *les honneurs de la
séance*. On les a, il est vrai, rapidement introduits dans une
tribune réservée, mais ils n'y sont entrés qu'après avoir crié en
chœur, et avec une attitude théâtrale : « Vive la république ! »
L'un d'eux a même ajouté: « Vive la république sociale! » Il sem-
blait que c'était Paris qui venait défier la France. Au surplus,
voici comment s'exprimait sur ce point un journal qui est étin-
celant de bon sens quand il veut être sérieux :

« Comment n'a-t-on pas compris que l'Assemblée nationale
devait être compromise par l'introduction, même dans une
tribune de la Chambre, d'une députation de maires revêtus des
insignes municipaux? Du moment que le public d'une assemblée perd son caractère anonyme de public, il devient partie de
l'assemblée, y conquiert des droits et une place ; les hommes
de la gauche l'ont senti, et n'ont pas eu le courage de profiter
de la victoire . . . .

« Maintenant, pourquoi la gauche a-t-elle eu peur? — Parce
qu'elle a vu toute la Chambre décidée à ne pas tolérer directement ou indirectement une atteinte plus prolongée à la liberté
de ses délibérations, — et aussi parce qu'il n'y avait pas der-

rière l'avant-garde quasi-légale des maires la tourbe des émeutes.

« Si nous avions été à Paris, un des jeunes députés de Paris serait allé ouvrir la porte aux Bellevillois, — et l'Assemblée aurait vécu (1). »

Après de tels événements, on ne s'étonnera pas qu'un antagonisme profond se soit révélé entre Paris et le reste de la France. Nous le constatons en le déplorant. C'est un fait nouveau qui demande une politique nouvelle.

Les rancunes contre Paris s'étendent bien loin. Nous en trouvons l'écho dans un grand nombre de lettres de soldats français retenus prisonniers en Allemagne. En voici une que l'un d'eux écrit d'Erfurt, à la date du 25 mai dernier ; nous ne changerons rien à la naïveté de son langage :

« On dit que la ville de Paris est dans le trouble ; les habitants de la ville se révoltent. Si cela est vrai, je voudrais que tous les Parisiens soient ici à nos places, car s'ils sont cause de la prolongation de nos maux, on peut les nommer sans raison. Trouvent-ils donc que la France ne soit pas assez ruinée ? »

Les prétentions de Paris à tout dominer en France, même le suffrage universel ; la funeste habitude de se battre au lieu de pétitionner, et de présenter des obus en guise d'arguments et des balles en guise de bonnes raisons, voilà des traditions révolutionnaires que l'on doit rompre à tout prix. Il faut ôter à la ville où siégeront le gouvernement et l'Assemblée le triste honneur de pouvoir invoquer des précédents comme ceux de 1793, et des ancêtres tels que Chaumette et Fouquier-Tinville !

(1) *Figaro* du lundi 15 mai 1871, article de M. Jules Richard.

CHAPITRE III.

La France veut-elle garder un rang distingué en Europe,
ou bien tomber au dessous de l'Italie et même de l'Espagne ?
La question n'en est pas une.

Or, pour se maintenir dans la haute position où la placent
la fertilité de son sol, l'immense étendue de ses côtes, la bra-
voure de ses habitants, la richesse de son commerce, les développements incessants de son industrie, il faut qu'elle soit en
mesure de résister aux puissances européennes qui l'avoi-
sinent, par conséquent qu'elle constitue de bonnes armées
permanentes, qu'elle construise des forteresses qui la protégent,
et surtout qu'elle tâche de bien organiser ses finances et de
faire de la bonne politique.

Un publiciste moderne, dont nous ne partageons pas d'ailleurs les idées politiques et religieuses, M. Littré, a dit avec un
certain sens historique : « L'Europe entière forme une sorte de
pays collectif, qui, ayant reçu directement ou indirectement
l'héritage de Rome, est régi par une foi commune, une organisation commune, une civilisation commune. En ce pays,

qu'on appelle aussi l'Occident, l'histoire ne peut pas se scinder ; toutes les évolutions sont solidaires. »

Maintenant, l'évolution à laquelle obéit la plus grande partie de l'Europe est double.

Les puissances qui *progressent*, pour me servir d'une expression moderne, d'une part, se concentrent de plus en plus, et, d'autre part, donnent de grands développements à leurs forces militaires. Telles sont la Prusse et la Russie.

La Prusse s'annexe peu à peu toute l'Allemagne ; elle établit entre toutes ses parties un lien militaire très-fort, et le descendant des petits électeurs de Brandebourg tend à devenir le souverain le plus puissant du monde occidental.

La Russie pourtant lui disputera vivement la prééminence. L'étendue immense de son territoire et le peu de densité de sa population sont des inconvénients qui s'atténuent tous les jours par suite des créations des chemins de fer et des fils télégraphiques qui relient le fleuve Amour à la Neva, et Tobolsk à Saint-Pétersbourg. Les grandes distances ont disparu devant les inventions modernes.

La forme fédérale a été imposée à l'Autriche par la Hongrie ; le lien politique s'est relâché entre diverses parties de la monarchie austro-hongroise, mais le lien militaire subsiste. M. de Beust cherche à le fortifier afin de faire face à toutes les éventualités.

La France a sur l'Autriche l'avantage d'être une et compacte, de ne pas avoir des populations séparées par des langues et des origines diverses, ou du moins elle s'est fortement assimilé celles qui ne parlaient pas le même idiome. Il serait vraiment bien inopportun et bien absurde de faire dans son propre sein des fédérations de fantaisie et de travailler à son propre démembrement dans un moment où l'Allemagne, en se repliant sur elle-même, a acquis tant de force et tant de puissance.

De plus, à moins d'une complète déchéance, la France ne peut pas désarmer, quand l'Autriche et la Russie augmentent leurs armements aujourd'hui même et en pleine paix.

Mais nous allons plus loin, et nous soutenons que la France, au point de vue politique, ne doit pas s'isoler dans le système européen. Si elle cherche à se détacher de cette *grande fédération* de l'Occident, dont elle n'est qu'une province en quelque sorte ; si, au lieu d'entrer dans le mouvement collectif, elle veut élever un drapeau particulier, alors de deux choses l'une : ou bien les puissances européennes feront autour de nous un cercle de séparation et de lignes douanières qui ne sera que l'application du blocus continental retourné contre nous, et l'on achèvera de nous ruiner ; — ou bien elles nous contraindront par la force à suivre l'évolution générale dans laquelle elles se meuvent elles-mêmes. Après la révolution de 1849, si violente en Allemagne, mais si misérablement et si promptement avortée, ces puissances, comme on sait, s'étaient replacées sur leurs antiques bases. Elles avaient restauré avec force le principe de l'autorité. Le roi de Prusse avait refusé le titre d'empereur d'Allemagne que lui offrait la révolution par l'organe du parlement de Francfort ; son successeur vient de l'accepter, comme un fruit de la victoire, sur les instances des princes d'Allemagne qui se courbent respectueusement sous son sceptre. A cette évolution qui constitue un retour vers l'ordre en même temps qu'un mouvement vers l'unité nationale, la France ne peut pas répondre impunément par une évolution contraire. Il ne faut pas surtout qu'elle favorise le désordre par sa faiblesse.

Maintenant, où est le quartier général de la démagogie ? Où l'association internationale, qui a juré par tous les moyens *d'extirper dans l'Europe entière le sybaritisme bourgeois*, a-t-elle trouvé une vaste place forte pour s'y installer sous le nom de *Commune* ? C'est à Paris, ce n'est pas à Vienne ou à Berlin. Qu'importe à l'Europe que la minorité de la population n'ait réussi à s'emparer du pouvoir que par une surprise et à s'y maintenir que par la terreur? N'en était-il pas de même en 1793, et la Commune de Paris n'a-t-elle pas fait alors trembler la France et l'Europe elle-même par ses bourreaux, ses armées et ses doctrines?

Si un gouvernement quelconque, républicain ou autre, a le courage de transférer le siége du gouvernement ailleurs qu'à Paris, cet acte sera considéré comme éminemment anti-révolutionnaire; il sera salué comme une rupture éclatante avec les vieux errements de 1793. Ce sera une preuve pour l'Europe que ce gouvernement ne voudra pas inaugurer la guillotine sur les places de la nouvelle capitale, qu'il ne fera pas rouler des têtes royales dans la boue, qu'il respectera la religion, les mœurs, la propriété, la pensée, la liberté, la vie des citoyens, et qu'il ne recommencera pas cette sotte parodie de 93 qui vient à peine de finir.

Ce sera un gage d'entente cordiale donné à l'Europe. Les gouvernements sérieux et forts nous en sauront un gré infini.

Grâce à l'insurrection de Paris, nous sommes tombés dans un état voisin du chaos ; il faut faire pour en sortir des efforts vigoureux et habilement concertés. Tristes naufragés de la guerre civile et de la guerre étrangère, nous n'avons plus qu'un radeau, sans ancre et sans boussole ; nous nous y sommes précipités à l'envi, afin d'échapper à la tempête qui gronde encore à des profondeurs inconnues. Si un pilote habile parvient à nous faire gagner le port, gloire à lui mille fois! Il aura sauvé la France.

Mais ce port de salut, ce port abrité contre tous les vents, — où nous pourrons radouber et remettre à flot notre navire submergé, — ce ne sera certes pas Paris, même délivré de la *Commune*. Il faut au gouvernement qui réparera nos ruines une atmosphère complète de sécurité ; il lui faut la pleine liberté de ses mouvements et l'absence de toute anxiété, de toute préoccupation sur la question même de son existence. C'est ailleurs que dans notre ancienne capitale qu'il devra chercher ces conditions essentielles pour pouvoir travailler fructueusement à la reconstitution du pays.

La France se rajeunira en se faisant une capitale nouvelle; elle y retrouvera la santé et la vie. Alors, quand nous serons reposés et recueillis, commencera pour nous une ère brillante de prospérité et de grandeur nationale. Nous sortirons de notre isolement, nous retrouverons des alliés en Europe, et nos armes redeviendront victorieuses.

Et ici nous ne pouvons pas nous empêcher de faire un rapprochement historique.

Les Romains, qui possédaient dans leurs murs des temples dédiés à tous les dieux, avaient relégué en dehors de leur enceinte l'*œdiculum* consacré au repos, *Quies* (1).

Si Paris ne paraît pas non plus vouloir admettre dans son sein le culte de cette divinité, il faut que la France le transporte dans une autre capitale et en fasse son *palladium;* car le repos est et sera pour longtemps son premier besoin.

____

(1) Saint Augustin, *Cité de Dieu,* traduction de Moreau, livre IV, paragraphe XVI.

CHAPITRE IV.

—

Nous ne possédons plus Strasbourg, Metz, Bitche et Phals-
bourg. Désormais rien ne s'opposerait plus, du côté de la Lorraine, à l'envahissement de la France, si la guerre se rallu-
mait entre nous et les puissances du Nord. Lors des traités
de 1815, la coalition exigea que Wissembourg fût démantelé.
C'est par cette petite fissure qu'ont passé les armées prus-
siennes. Maintenant nous lui offrons une vaste ouverture sur
les confins de la Lorraine et de la Champagne. Non seulement
les défilés des Vosges nous manquent comme positions de défense, mais Metz, au lieu de nous couvrir, devient la base d'o-
pérations d'une redoutable offensive de la part de nos ennemis.

Paris reste donc la seule place importante qui puisse défendre l'accès de l'ouest de la France, et menacer les derrières
d'une armée qui se porterait sur le centre, c'est-à-dire sur
Moulins et sur Bourges.

Ici j'entends dire qu'au lieu de demander la création d'une
autre capitale, il serait bien plus simple et peut-être moins
coûteux de bâtir une nouvelle place forte entre Nancy et Paris.

Mais ce ne serait pas une forteresse, ce serait une ceinture de forteresses qu'il faudrait construire pour couvrir Paris. Metz faisait partie d'un système général de fortifications destiné à protéger nos frontières. On peut lire sur ce sujet le bel ouvrage de M. de Lavallée, qui explique très-bien le plan de défense nationale réalisé par le génie de Vauban.

Quoi qu'il en soit, Paris se trouve aujourd'hui la clef de voûte de la défense nationale. On ne saurait donc lui laisser sa destination ancienne si elle devient incompatible avec celle que la force des choses lui assignera désormais. Si Paris restait capitale, voici à quoi l'on s'exposerait. Douze ou quinze jours après une déclaration de guerre, notre gouvernement pourrait être bloqué par une armée victorieuse, de manière à ne pouvoir plus faire sentir régulièrement son action au dehors et à se voir obligé d'abandonner la France à elle-même.

C'est ce qui arriverait nécessairement si l'on ne trouvait pas l'art de diriger les ballons et de faire marcher la poste aérienne avec la ponctualité de la poste terrestre.

Il ne faut pas non plus qu'un gouvernement assiégé dans Paris soit tenté de subordonner à ses convenances locales les combinaisons stratégiques de la défense nationale.

Il est nécessaire enfin qu'il n'y ait pas dans l'intérieur de ce boulevard de la France quelque autorité locale plus puissante que l'autorité militaire; il serait désastreux qu'une commune ou même une municipalité ordinaire fût en mesure de paralyser les efforts d'une garnison dévouée, et de faire prévaloir son pouvoir et ses intérêts sur ceux du pays tout entier.

Le système de défense, en cas d'invasion nouvelle, serait fort simplifié. 80 ou 100 mille hommes de bonnes troupes, avec quelques gardes nationaux mobilisés sur les remparts, suffiraient pour garder Paris. On achèverait les ouvrages de défense dont l'expérience a démontré la nécessité. Alors Paris, convenablement approvisionné, pourrait tenir une année entière.

Pendant ce temps, le reste de notre armée, c'est-à-dire 3 à 400 mille hommes, pourrait tenir la campagne et chercher à prendre la revanche de Sedan.

Mais on ne recommence pas tous les jours une grande guerre, telle que celle dont nous venons d'être les témoins et les victimes. En attendant, nous déclarons que nous ne voulons pas réduire Paris à n'être qu'une grande forteresse.

Sans doute, l'agglomération parisienne cesserait de s'étendre indéfiniment ; elle ne déborderait plus au delà de son enceinte continue. Seulement, en renonçant à s'agrandir, en perdant le siége du gouvernement, elle conserverait ses monuments, ses théâtres, ses musées, ses académies, ses établissements littéraires et scientifiques. Tous les plaisirs élevés qui peuvent attirer les étrangers, toutes les institutions qui peuvent stimuler les intelligences, se trouveraient encore réunis dans cet ancien centre des arts et de la civilisation.

La France aurait deux capitales : Paris serait toujours aux yeux de la France et de l'étranger le séjour le plus brillant, le plus élégant, le plus scientifique ; Tours, Bourges ou Orléans serait la ville des affaires et de la politique.

Au reste, sous Louis XIV, qui, depuis qu'il avait vu la Fronde, ne voulait plus se renfermer dans Paris, n'avons-nous pas eu aussi deux capitales ? Ne disait-on pas à cette époque *la Cour et la Ville* ? Et ce régime n'a-t-il pas duré jusqu'aux néfastes journées des 5 et 6 octobre 1789 ? Racine et Voltaire n'avaient pas besoin apparemment de la présence du gouvernement à Paris pour écrire des chefs-d'œuvre comme *Andromaque*,

Phèdre et *Zaïre*. La littérature du dix-septième et même celle du dix-huitième siècle valaient bien celle du dix-neuvième.

Maintenant la facilité toujours croissante des transports, la merveilleuse invention des chemins de fer ont tellement changé les rapports des distances, qu'Orléans, Bourges ou Tours ne sont pas moralement beaucoup plus loin de Paris que ne l'était Versailles au dix-septième siècle.

Quant à Versailles lui-même, Paris s'en est beaucoup rapproché. On pourrait voir se renouveler au besoin la surprise des 5 et 6 octobre. Ce ne serait plus aujourd'hui qu'une grande ville se ruant sur un de ses faubourgs.

Ajoutons que Versailles, au point de vue militaire surtout, deviendrait une capitale impossible en cas d'invasion ; car ce serait l'une des premières positions que l'ennemi chercherait à occuper, quand des armées venues du Nord viendraient investir Paris. Il ne faudrait pas alors qu'en pareil cas le gouvernement, quel qu'il fût, recommençât ses courses errantes dans l'Ouest et jusqu'au Midi de la France.

CHAPITRE V.

OBJECTIONS. — RÉPONSES AUX OBJECTIONS.

---

§ 1.

« Il serait insensé, dit-on, de vouloir détrôner Paris. Paris représente une portion essentielle de la grandeur de la France ; il est comme le résumé historique de ses progrès et de sa vieille gloire. La France doit surtout à Paris l'admiration qu'elle impose à l'étranger, et l'or que l'aristocratie européenne vient tous les ans verser dans son sein.

« Depuis des siècles, tout en France a gravité vers Paris, tout a été fait en vue de Paris. Les inventions nouvelles, les travaux les plus gigantesques et les plus dispendieux ont eu Paris pour objectif. C'est là que les gouvernements divers qui se sont succédé jusqu'à nos jours ont fait converger nos grandes routes, nos canaux, nos chemins de fer, nos lignes télégraphiques ; on a appelé Paris la grande gare centrale de la France. Cette centralisation matérielle a pour corollaire la centralisation des intelligences. Tout ce qu'il y a de talent, de génie même sur tout le sol de la France, dans les arts, dans les lettres, dans les sciences, est attiré à Paris comme par un aimant invincible. »

Nous ne nions pas ces faits, qui sont évidents comme la lumière du jour. Mais, ainsi que nous l'avons dit dans le chapitre précédent, Paris serait toujours, s'il offre de la sécurité à ses habitants et aux étrangers, la ville intellectuelle et artistique par excellence ; il perdrait quelque chose, mais moins que l'on ne pense, à la translation du siége du gouvernement ailleurs que dans ses murs. D'ailleurs il y a des questions qui priment toutes les autres. Un particulier doit sacrifier le superflu au nécessaire. Un Etat, dût-il perdre quelque chose de son luxe et de son extérieur brillant pour sauver son indépendance politique et la liberté de sa volonté nationale, ne devrait pas hésiter devant ce sacrifice. C'est Paris, au surplus, qui nous réduit aujourd'hui à choisir entre lui et la France. — Mais on prétend que cette insurrection qui tyrannise Paris n'est pas le fait du vrai Paris, que c'est un pur accident qui ne pourra plus se reproduire. Ces bandes qui occupent notre malheureuse capitale seraient comme ces compagnies d'écorcheurs qui se formèrent à la suite de nos guerres contre les Anglais, quand un grand nombre de francs-archers et d'hommes d'armes se trouvèrent sans emploi lors de la conclusion de la paix. C'était alors l'écume de nos armées qui se répandait sur nos campagnes. Aujourd'hui ce sont les volontaires étrangers, les francs-tireurs et les gardes nationaux, dont quelques uns peut-être ont cédé à des entraînements généreux, mais dont un grand nombre ont mieux aimé parader en uniforme que de travailler, et ne se sont retranchés derrière les fortifications de Paris que pour y vivre d'une solde soutenue et souvent augmentée par le pillage.

Je sais très-bien qu'après une guerre civile qui n'a plus compté par journées, mais par semaines, et qui aura duré deux

mois entiers, on est parvenu à réduire et à soumettre les factieux, malgré leurs forfanteries et leurs airs féroces. Seulement ce qui m'effraye, ce n'est pas l'annonce de quelques
milliers d'hommes sans cesse en disponibilité pour la révolte,
c'est l'inertie et la mollesse des gens de bien, toujours prêts à
capituler devant une sédition.

Les hommes d'ordre étaient à Paris six ou huit contre un,
et ils se sont laissé honteusement dominer par un petit nombre
de bandits, avec qui on a eu la niaiserie de parlementer,
comme si l'on pouvait faire entendre raison aux fureurs révolutionnaires.

De plus, des faiblesses incroyables se sont produites avant
même que le règne de la Commune eût fait peser sur tous
les habitants le joug de la terreur.

Après la proclamation de la paix, dans un de ces premiers
jours du printemps où tout Paris resplendit sous les rayons
d'un beau soleil, ne s'est-il pas passé une scène qui rappelait
le meurtre de MM. de Berthier et Foulon, en 1789? N'a-t-on
pas vu poursuivre avec des cris de mort un malheureux officier
de police, coupable d'avoir pris des notes au pied de la colonne
de Juillet? N'a-t-on pas fini, aux applaudissements d'une foule
immense, par le jeter à l'eau après l'avoir garrotté, *de peur
qu'il ne sût nager?*...

On disait en parlant de l'assassinat de MM. de Berthier et
Foulon : *Le sang qui a coulé était-il donc si pur?* Tiendra-t-on
le même langage au sujet de l'attentat commis contre un malheureux officier de police? Hélas! cette phrase néfaste, échap-
pée à un homme de cœur qui l'a désavouée et maudite un peu
plus tard, est de celles qui préparent et multiplient les révoltes.

Tout crime populaire impuni est gros d'une révolution ou
d'une guerre civile.

Il n'est pas nécessaire que la victime soit un général ; il suffit que ce soit un innocent pour qu'il doive être vengé par la justice sociale.

Après tout, n'est-ce pas aux officiers de paix et aux sergents de ville que nous devons, dans toutes nos grandes cités, la sûreté de nos biens et de nos personnes? S'ils ont quelquefois de la rudesse dans les procédés, s'ils font d'involontaires méprises, ne devons-nous pas les excuser un peu et avoir quelque égard à la difficulté de leur mission?

Soyons convaincus que parmi eux il y a beaucoup de braves gens qui font la guerre au crime avec courage, et quelques hommes spéciaux qui poursuivent les scélérats avec une perspicacité et une habileté que l'on pourrait appeler du génie.

La société qu'ils défendent doit-elle les abandonner aux réactions des malfaiteurs, qui sont après tout ses ennemis à elle, permanents et acharnés? S'il en était ainsi, il y aurait encore moins de sécurité qu'aux plus mauvais temps du moyen âge, car les criminels ont aujourd'hui une perversité bien plus savante.

M. Michelet admire l'intrépidité des huissiers et sergents royaux du quinzième siècle, qui s'en allaient remettre au plus fier prince du monde, au baron le plus féroce, à un Armagnac, à un Retz, dans son funèbre donjon, le tout petit parchemin qui brisait les tours (1).

Eh bien ! maintenant nous avons *monseigneur le peuple* qui, à ses heures, n'est pas moins barbare que les barons du moyen âge.

L'officier de police qui prenait des notes sur les agissements de ce seigneur nouveau, si redouté de nos jours, observait sans

---

(1) *Histoire de France*, tome V, page 408.

doute une consigne donnée, et remplissait un devoir. Un Armagnac l'eût pendu en pareil cas aux créneaux de sa tour. Le
peuple de Paris l'a noyé comme un chien.

Serait-ce là, par hasard, ce qu'on appellerait le progrès de la
civilisation (1) ?

Mais encore, comme on le pense bien, je préfère de tels accès de colère du peuple à ces froides parodies de la justice dont
Paris a eu le spectacle dans les derniers jours de la Commune.
La justice, ce sacerdoce social, tombé entre les mains de quelques gamins effrontés et pervers ! La justice soi-disant démo-
cratique, qui, dans sa transformation dérisoire et sacrilége,
s'est plue à combler d'outrages la vieillesse et l'innocence, et
s'est efforcée d'abaisser, devant ses sarcasmes ignobles, le caractère sacré des pasteurs de l'Eglise de Dieu ! La justice parlant
le langage des mauvais lieux, et chassant de ses sanctuaires,
comme un témoin importun, le crucifix des chrétiens, image
éloquente de la plus grande des iniquités populaires (2) !

(1) Si nous avons insisté sur ce crime, ce n'est pas qu'il ne s'en soit commis
de bien plus horribles, de bien plus dégoûtants encore, et sur de plus nobles
victimes. Mais quand on a noyé l'officier de police, l'empire de la Commune
n'était pas encore établi à Paris ; les magistrats et les délégués du gouvernement français y avaient encore conservé leur autorité. Or je dis que l'impunité de ce crime a été le prélude, sinon le premier acte de la guerre
civile qui allait éclater.

Une fois la Commune établie, on n'a plus eu à s'étonner de rien : les crimes
commis par son ordre ou avec son assentiment sont devenus comme les fruits
naturels de ce régime.

(2) C'est ainsi qu'il s'est trouvé une *justice* pour faire fusiller un chef de
bataillon coupable d'avoir fourni au curé de Saint-Thomas d'Aquin un pi-
quet de gardes nationaux, afin de protéger les enfants qui faisaient leur première communion !... Dans quel code pénal a-t-on trouvé un article qui punît

Si c'est ainsi que les prétendus démocrates entendent le progrès et le font triompher dans Paris, je leur prédis que non seulement le gouvernement et l'Assemblée nationale, mais le commerce et l'industrie déserteront l'enceinte de ses murailles. Les étrangers ne reconnaîtront plus Paris comme la métropole de l'Europe, ils n'y viendront plus chercher les jouissances des arts et de la paix, et l'herbe croîtra bientôt dans les rues abandonnées de l'ancienne capitale de la France.

Dans cette hypothèse, les hommes qui auraient laissé faire payeraient, comme complices au moins passifs, pour ceux qui auraient commis des crimes sans nom contre la société religieuse, contre la patrie et contre l'humanité.

Mais à Dieu ne plaise que de tels présages se réalisent! Au sein même de ce Paris si énervé par l'abus des jouissances matérielles, les hommes intéressés à l'ordre finiront par comprendre qu'ils doivent enfin sortir de leur torpeur et s'aider eux-mêmes, tout en ne récusant pas l'aide du gouvernement.

Ils comprendront, fussent-ils même dénués de tout sentiment de foi, que leurs familles ne peuvent pas se passer de religion ; que quand on détruit en grande partie les freins matériels, les freins moraux deviennent de plus en plus nécessaires pour le peuple ; que l'arrestation non motivée d'un vénérable archevêque et d'une partie de son clergé est un outrage sanglant aux croyances de la France et même de la catholicité tout entière ; que fermer notre vieille basilique de Notre-Dame et changer en clubs obscènes un grand nombre de nos églises, ce sont des atteintes flagrantes aux libertés les plus sacrées, en même

de mort la protection accordée à la faiblesse et à l'enfance? Quel a été, je ne dis pas le motif, mais le prétexte légal de cette atroce sentence?

temps que des profanations abominables pour des cœurs chrétiens.

Ils comprendront enfin qu'ils ne peuvent pas, sans se déshonorer aux yeux de l'Europe, accepter la solidarité de ces actes monstrueux, et ils s'en dégageront, nous l'espérons, en donnant leur appui moral aux mesures sévères du pouvoir exécutif.

§ 2.

Mais il restera encore une objection très-importante à résoudre, c'est l'objection pécuniaire.

La France est, dit-on, obérée au plus haut degré par la guerre étrangère ; est-ce bien le moment de jeter les millions à pleines mains pour fonder une autre capitale ?

On ne fait pas attention qu'à Paris aussi il y aura des ruines à réparer ; que s'il faut absolument occuper des ouvriers en bâtiments restés sans ouvrage, peu leur importera qu'on leur donne des ateliers de construction sur les bords de la Loire ou sur ceux de la Seine.

Enfin on prétend que le mouvement est donné dans la capitale, que de grandes dépenses y ont été faites, et qu'il ne faut pas que ces dépenses restent inutiles.

La question est précisément de savoir si ces dépenses ne sont pas excessives ; si, au lieu de les continuer sur le même pied, il ne faudrait pas les arrêter ou les modérer ; s'il est bon que la France continue à fournir des subventions énormes à une ville qui s'est mise en guerre avec elle et qui a donné à d'autres grandes villes le signal d'idées séparatistes.

N'oublions pas que ces dépenses ont dépassé toute mesure,

et que Paris a employé à se transformer une somme d'environ deux milliards en l'espace de vingt ans (1).

On a cherché à justifier M. Haussmann, créateur de cette transformation, en disant qu'il a dû se considérer comme *un maréchal des logis :* « On lui envoie deux millions d'habi-
« tants à établir. Il faut loger ces habitants, ouvrir devant
« leurs voitures et leur foule des rues plus larges, niveler,
« paver, éclairer ces rues, fonder pour les familles nouvelles
« des églises, des écoles, des marchés, etc. (2) »

Nous croyons, nous, que les dépenses ont excédé les besoins nés de l'augmentation de la population, que l'on a créé des réseaux inutiles, et que l'on pouvait très-bien ne pas mettre près de cent millions à un Grand Opéra.

Un autre économiste, récemment enlevé à la science, jetait en 1868 ce singulier cri d'alarme : « Paris, qui n'était peuplé
« que d'un million d'âmes au commencement de ce siècle, en
« compte aujourd'hui deux millions ; il en comptera dans dix
« ans trois millions, dans vingt ans quatre millions, si l'ad-

(1) Voici les chiffres exacts reproduits en 1869 dans divers documents officiels (voir entre autres le rapport sur le budget de 1869 présenté au conseil municipal de Paris par M. Dewinck) :

Voie publique . . .	884,400,224 fr.
Dette	273,539,301
Services divers. . .	707,830,560
	1,865,770,085

La somme dépensée à l'agrandissement de la voie publique dans Paris n'avait été de 1816 à 1830 que de dix millions, de 1830 à 1848 que de vingt-cinq millions. On voit que depuis ce temps l'empire a marché à pas de géant.

(2) Article du *Correspondant,* par M. Cochin, page 497 (février 1869).

« ministration, dans son ambition excessive, continue de
« favoriser ce mouvement. Or, ce monstrueux accroissement,
« *loin d'être le résultat d'un développement naturel de la*
« *grande cité*, est l'effet direct d'une surexcitation *tout arti-*
« *ficielle*, de cette accumulation en un temps très-court, en un
« espace très-étroit, de ces vastes ateliers nationaux déguisés
« sous le prétexte de travaux publics. Tant que triompheront
« cet amour de la démolition, qui flatte les goûts révolution-
« naires du peuple de Paris, et cet amour non moins violent
« de la bâtisse, qui charme les partisans du faste et de la spé-
« culation, il faut s'attendre à voir Paris grossir encore, gros-
« sir toujours (1). »

Ne serait-il pas d'une bonne politique de diviser ces espèces
d'*ateliers nationaux*, au lieu de les concentrer *dans un espace
étroit ;* d'en laisser sans doute une portion à Paris, moins pour
y faire encore des palais et des théâtres que pour relever des
ruines, mais d'en transférer une autre portion dans l'emplacement choisi pour une nouvelle capitale?

Les dépenses ne seraient pas sensiblement augmentées par
ce transport du gouvernement et de l'Assemblée dans un lieu
éloigné de Paris. On pourrait seulement les répartir avec un
discernement judicieux sur des points différents. Il faut se
rappeler qu'en province, quand même la main-d'œuvre s'y
maintiendrait à des prix élevés, on bâtirait à meilleur marché
que dans l'ancienne capitale, parce que les matériaux seraient
plus rapprochés.

Et qu'on le remarque bien, l'Etat ne donnant plus de subventions pour les réparations et les restaurations à faire dans

(1) *Economiste français*, 5 février 1868.

Paris, serait par là même dégrevé de charges très-considé-rables.

On presse l'objection tirée de la difficulté de créer une grande ville et surtout une capitale par une espèce de *fiat* de la volonté d'un souverain ou d'un gouvernement. Il n'y aurait guère que trois capitales qui auraient été improvisées de la sorte : ce seraient Alexandrie par Alexandre, Constantinople par Constantin, Saint-Pétersbourg par Pierre le Grand. Mais ces trois princes étaient armés d'un pouvoir sans limites. Les deux premiers avaient à leur disposition une institution heureusement inconnue de nos jours en Europe, l'esclavage. Pierre le Grand avait forcé les ressorts de son despotisme pour parvenir à élever comme par enchantement une ville de palais sur un marais glacé. Aurions-nous aujourd'hui des moyens pareils à notre disposition?

On oublie un autre exemple que nous avons déjà cité : celui de Washington, cette ville fédérale des Etats-Unis, qui fut construite avec une simplicité toute républicaine, quoique grandiose; voilà le modèle que la France de nos jours devrait imiter.

Washington, fondé en 1800, ne montre quelque luxe que dans le bâtiment destiné à la représentation fédérale : ce bâti-ment est de marbre blanc; mais le palais ou plutôt la maison du président est beaucoup plus simple, et les ministères sont cons-truits en briques.

La population de cette ville, qui date de soixante-dix ans, ne s'élève pas encore, si nous sommes bien informés, à beaucoup plus de trente mille âmes (1). Voulons-nous réellement adopter

(1) Nous ne prétendons pas que la population de notre nouvelle capitale n'augmentât pas dans une proportion plus rapide; nous savons bien que le

les mœurs républicaines? Nous aurions une belle occasion de le prouver et d'offrir un type de notre austérité toute nouvelle en retranchant de nos édifices ces ornementations qui surchargent les monuments des monarchies modernes et surtout ceux du second empire (1). Ce serait une leçon vivante donnée au luxe et au faste qui nous avaient envahis, et qui nous précipitaient sur la pente de toutes les corruptions.

D'ailleurs il ne s'agirait pas de créer une capitale entièrement à neuf. Nous entendons bien que l'on profite des ressources que peut offrir une ville déjà existante.

C'est ce que firent les Provinces-Unies quand, au seizième siècle, elles choisirent pour capitale la Haye, ancienne résidence des comtes de Hollande et ville de trente à quarante mille âmes, au lieu de la populeuse et opulente Amsterdam (2).

La Suisse elle-même tenait tour à tour son *vorort* dans trois villes différentes : Berne, Zurich et Lucerne.

Au surplus, quand même les dépenses pour la translation du gouvernement hors de Paris et pour la création d'une capitale nouvelle dépasseraient quelque peu nos prévisions pécuniaires, elles seraient bien rachetées par une économie immense et inappréciable, l'économie des révolutions.

gouvernement fédéral des Etats-Unis est beaucoup moins bureaucratique que le nôtre, et que les solliciteurs y sont infiniment plus rares qu'ils ne le seront en France sous tous les gouvernements.

(1) Voir entre autres les ailes de la nouvelle cour du Louvre.

(2) Napoléon Ier, en 1806, prit Amsterdam pour capitale ; mais le règne d'Amsterdam finit en 1814 avec celui de Napoléon lui-même. La Haye a aujourd'hui près de 60,000 âmes, Amsterdam en a 220,000.

CHAPITRE VI.

CONCLUSIONS.

—

La Commune de Paris a pris à tâche d'outrager et de frapper au cœur les partis honnêtes qui forment l'immense majorité de la population en France.

Il y a un homme qui n'a été et ne sera jamais ni roi ni empereur, mais qui est un illustre citoyen, et qui s'était toujours montré un ami éclairé des arts en même temps qu'un serviteur passionné de son pays. Chargé par les représentants de la France de rétablir dans la capitale l'ordre profondément troublé, cet homme d'Etat a pris contre la sédition les mesures répressives qui étaient nécessaires. Eh bien! c'est sur lui que la puissance organisée sous le nom de Commune s'est bassement vengée. On a pillé ses meubles, confisqué ses collections artistiques, fouillé dans ses papiers les secrets de ses pensées les plus intimes. On a rasé sa maison jusqu'au niveau du sol. Il n'aurait plus manqué que d'ériger sur cet emplacement désert une statue de la Liberté, comme le fit le tribun Clodius sur les ruines de la maison de Cicéron; hommage dérisoire rendu à une divinité dont on prostitue le nom à tous les excès de la tyrannie!

C'est la France par l'organe de l'Assemblée nationale qui a pris l'initiative de réparer les dommages causés par ce vil attentat; c'est elle qui a voté la réédification de cette maison si indignement détruite.

Ne semble-t-il pas que Paris ait voulu priver de son foyer domestique le grand ministre qui nous gouverne, comme pour consommer avec lui et avec le pouvoir exécutif de la république un divorce éternel?

Paris s'est efforcé aussi de creuser un abîme entre lui et l'empire. Pour détruire en quelque sorte la tradition napoléonienne, comme si on pouvait anéantir le passé, il a démoli la colonne de la place Vendôme. Cette démolition est sans doute un outrage à la gloire de nos armes françaises, mais, dans la pensée de ceux qui l'ont ordonnée, c'est surtout une insulte à celui qui commandait les victoires en Allemagne; on a voulu renverser ses souvenirs et sa statue dans la boue et le fumier.

On a appelé la démolition de la place Vendôme un acte de vandalisme. Cette expression est injuste pour les Vandales. Ni Genseric, ni les autres chefs barbares qui ont pris Rome et l'ont livrée à la dévastation, n'ont brisé en morceaux la colonne Trajane; on la voit encore debout à Rome au milieu des ruines.

Quoi qu'il en soit, celui-là même qu'on appelait Napoléon III, s'il flattait et caressait la Commune de Paris après de tels attentats, se ferait le complice de l'ignominieuse rage déployée contre ce géant des batailles, contre son oncle enfin, qui était son idole.

Le siége d'un nouvel empire à Paris serait donc impossible.

Reste la troisième hypothèse, celle de la royauté.

Ce mot ne peut plus avoir qu'un sens : celui de la restauration du comte de Chambord, *à la tête de toute la Maison de France*, comme il l'a dit dans sa lettre royale du 8 mai dernier.

Or, qu'a fait contre lui et sa Maison la Commune de Paris ?

Elle a ordonné la démolition de la chapelle expiatoire de Louis XVI et de Marie-Antoinette. C'est la récidive du crime de la place de la Concorde avec plus de lâche et opiniâtre fureur. C'est s'acharner sur des ossements protégés par le tombeau et blanchis par le temps ; c'est violer des reliques vénérées dans l'Europe entière ; c'est s'insurger contre les arrêts de l'histoire (1).

Le petit-neveu de Louis XVI peut encore pardonner. Il y a dans cette famille des Bourbons d'étranges trésors de clémence ! Mais on ne saurait le forcer à habiter le reste de sa vie avec ceux qui ont tenté de détruire les tombes de ses parents. Il ne semblerait donc pas qu'il pût avoir le siége de son gouvernement à Paris (2).

(1) L'incendie des Tuileries est un attentat non moins direct et bien plus sauvage contre les vieux souvenirs de la monarchie : on a voulu qu'elle n'eût plus où abriter sa tête à Paris, si elle était restaurée par la France.

(2) Voici comment M. de Foblant s'exprime dans un article excellent publié dans le *Français* du 29 mai dernier : « Hier encore on entendait dire que « cette pensée de déplacement était monarchique, comme si c'était le rôle d'un « successeur de saint Louis et de Henri IV de découronner Paris, et de le faire « de gaîté de cœur, sans y être contraint par la nécessité. Non, cette pensée est « patriotique, rien que cela ; elle l'est devenue surtout depuis les terribles évé- « nements de la dernière semaine. »

En effet, ce n'est pas une pensée de parti, c'est une pensée de salut pour la France, quelle que soit la forme de son gouvernement. Il faut, comme le dit peu plus loin M. de Foblant, « que la France reprenne le droit de s'appar- « tenir et de se gouverner comme elle l'entend. Devant le scrutin, devant le

Il habiterait probablement Bourges, Tours, Orléans, ou quelque autre lieu plein des traditions glorieuses de sa race. Il n'aurait presque plus, sous ce rapport, qu'à ratifier le fait accompli.

Pour que cette translation du gouvernement hors de Paris ait pu devenir ainsi un fait accompli, il a fallu une série de circonstances imprévues, singulières, prodigieuses.

Personne, avant ce siége et cette guerre civile qui ont violemment brisé de vieilles habitudes, n'aurait osé songer sérieusement à proposer une pareille émigration gouvernementale, consommée en quelque sorte aujourd'hui. Sachons donc ouvrir les yeux pour voir cette espéce de miracle et comprendre les desseins de la Providence. L'occasion est belle, elle est grande, elle est unique. Empressons-nous de la saisir avec cet à-propos et cette résolution qui caractérisent les vrais hommes d'Etat. Cette mission, si elle est bien remplie, suffira pour immortaliser l'Assemblée nationale et le pouvoir exécutif de 1871 (1).

« vote des lois auxquelles nous serons tous soumis, Paris continuera de comp-
« ter pour deux millions d'âmes, le reste de la France pour trente-trois mil-
« lions. La liberté n'y perdra rien ; l'égalité sera rétablie. »
(1) Voir la note après l'appendice.

POST-SCRIPTUM.

Nous apprenons enfin le dénouement du triste drame qui se prolongeait depuis si longtemps ; il dépasse en horreur tout ce que l'on peut imaginer.

Après une série de décrets qui resteront pour attester à la postérité jusqu'où peuvent aller la fureur et la démence humaines, la Commune s'est en quelque sorte dépêchée de tuer et de fusiller, presque au hasard, avec une rage aveugle, comme pour mettre à profit les courts moments qui lui restaient à vivre.

Ces moyens de destruction étaient encore trop lents à son gré ; aussi elle a déchaîné dans nos rues et sur nos places publiques sa horde de malfaiteurs en l'armant de torches incendiaires. Ces vils séides se sont élancés avec une joie infernale sur nos monuments et sur nos demeures. Les incendies qu'ils ont allumés devaient dévorer les palais de nos rois, les dépôts de nos traditions nationales, nos magnifiques bibliothèques, et jusqu'à l'Hôtel-de-Ville, ce palais du peuple, rendez-vous des insurrections qui renversaient les royautés et les empires, berceau des républiques ou plutôt des essais de républiques tentés au dix-huitième et au dix-neuvième siècle.

Il n'a pas tenu à ces Tartares de la civilisation moderne que le Louvre et ses collections de chefs-d'œuvre n'aient entièrement péri dans des flammes allumées par le pétrole et par conséquent impossibles à éteindre. C'est, dans ce qu'elle a de plus hideux, la guerre à outrance livrée à ce que certains ouvriers regardent comme la plus choquante des inégalités, le talent et le génie, et à ce que le socialisme moderne appelle *l'infâme capital.*

En effet, on eût ainsi anéanti d'un seul coup un capital immense, les trésors accumulés de cent générations ; on aurait mis en cendres ces merveilles de la science et des arts, héritage sans prix de nos sociétés modernes, patrimoine sacré de l'humanité tout entière.

Ces voleurs sacriléges, qui avaient commencé par dépouiller les églises, ont fini par se ruer sur nos personnes et sur nos biens, comme des forçats qu'on aurait enivrés de peur qu'ils ne fussent pas encore assez aptes au crime.

On dressera bientôt le bilan de ces orgies de débauches et de sang, auxquelles la postérité aura peine à croire, et dont l'histoire n'offre pas d'exemple.

Et voilà cette Commune avec laquelle on voulait que le gouvernement français traitât de puissance à puissance ! Voilà ces hommes pour lesquels on réclamait les droits de belligérants !

Se trouvera-t-il des délégués de conseils municipaux qui diront encore : « Entre le gouvernement de Versailles et la Commune de Paris, nous ne voulons pas savoir qui a tort ou qui a raison ! »

Attendra-t-on encore de l'Internationale et du prolétariat parisien les derniers progrès de la civilisation dans le dix-neuvième siècle?

Quelle civilisation, grand Dieu !

Quant à la question qui nous occupe aujourd'hui, elle s'illumine d'une vive clarté à la lueur sinistre de ces incendies qui ont déshonoré notre grande capitale, en montrant quels éléments impurs fermentaient dans son sein.

Il y aura toujours dans Paris des misérables tout prêts, pour faire leur fortune et pour opprimer leurs concitoyens, à se servir des libertés municipales et des libertés politiques. Ceux mêmes d'entre les Parisiens qui ont le plus souffert de la tyrannie de la Commune trouveront bien dur d'être obligés de reconnaître *la France comme leur légitime souverain*, suivant l'expression de M. Thiers. Et si on laisse le gouvernement à la portée de cette population inquiète, vaine et remuante, elle cherchera tôt ou tard à s'en emparer encore par une de ces surprises qui lui sont devenues familières.

La population ouvrière de Paris, prise dans son ensemble, n'est peut-être pas directement coupable de ces épouvantables excès ; mais elle n'a pas repoussé avec horreur le secours des repris de justice, elle a appelé à son aide la lie de l'Europe et de l'Amérique. Ce que ce peuple si facile à égarer ou à dominer vient de faire, dans l'occasion, il le referait encore.

Laissons donc au peuple parisien ses témérités insensées et ses périlleuses fantaisies, mais qu'il en porte seul la responsabilité ; et s'il veut s'amuser à faire des révolutions, qu'elles soient désormais circonscrites dans l'enceinte de ses murailles. Ne permettons pas que la France soit exposée dans l'avenir au contre-coup de ces sanglants orages.

Que l'Europe tout entière s'en souvienne ! Le 23 mars 1871, les maires de Paris, dans une ambassade solennelle, venaient braver et défier l'Assemblée nationale. Quelques jours après, la

Commune, à peine constituée, faisait marcher quinze mille hommes sur Versailles. Le 28 mai suivant, l'Assemblée nationale et le gouvernement français avaient vaincu les bandes parisiennes, avec leurs alliés de diverses nations, après une guerre acharnée et sanglante. Enfin, dans les derniers accès de sa rage, la Commune de Paris semble avoir voulu que le gouvernement de la France ne pût triompher que sur des ruines.

On sait quel a été le couronnement de cette orgie, le bouquet de cette fête sanglante. Soixante-quatre ôtages fusillés! Et on a commencé par les prêtres! L'archevêque de Paris a été le premier massacré. Des curés de Paris, qui n'étaient connus que par leur admirable charité, n'ont pas plus été épargnés que les autres. Le président Bonjean, on peut du moins le supposer, devait être pour ces scélérats le type de la justice, qui est comme l'ennemie personnelle du crime ; il a subi le même sort. Ne serait-ce pas le même sentiment qui leur aurait fait mettre le feu au Palais-de-Justice ? Il ne faudrait plus à ces hommes ni un Dieu dans le ciel, ni une société régulière sur la terre. Ce sont les doctrinaires de la destruction, qui enrôlent sous leur drapeau la haine ignorante et la débauche brutale. C'est Erostrate fait légion.

La Providence a durement humilié notre orgueil. Il y a peu d'années, nous étalions à Paris, aux yeux des étrangers venus de toutes les parties du monde, les prodiges de notre civilisation ; aujourd'hui ces mêmes étrangers pourraient venir y contempler les décombres qu'y a entassés la plus farouche et la plus ignoble barbarie.

Nota. Quand nous avons écrit ces dernières lignes, nous ne connaissions pas encore l'étendue des attentats ordonnés par la

Commune de Paris et exécutés par ses agents. Quel a été celui de ses membres que cette Commune, qui a dépassé celle de 93, avait délégué pour présider au massacre de tout ce qu'il y avait de plus illustre et de plus vertueux dans le clergé de Paris? Ç'a été un forçat libéré, appelé *Lefrançais !* Nom bien mal porté sans doute, mais digne représentant de ce gouvernement de l'incendie, de la prostitution et de l'assassinat.

Des gardes nationaux, usant de leur liberté de citoyen, avaient refusé de prendre part à la guerre civile ; on a tenté de les massacrer tous sans grâce ni merci. Un grand nombre d'entre eux ont été effectivement exécutés.

La Commune a voulu faire mettre le feu à l'Hôtel-Dieu !

Le Mont-de-Piété, ce dépôt des dernières ressources du pauvre, a été livré aux flammes par ces prétendus amis du peuple !

Et comme si la multiplicité des forfaits en atténuait l'horreur, la plus grande partie des républicains français sont restés dans une sorte d'hébètement en présence de ces abominations inouïes. Quelques uns ont même osé balbutier, pour tant de scélératesse, des paroles d'excuse et presque de justification !

Quant aux Parisiens, beaucoup d'entre eux vont visiter ces ruines faites par l'insurrection avec plus de curiosité que de tristesse. Et s'ils ont des critiques à faire, ce n'est pas contre le gouvernement de la Commune, c'est contre celui du général Trochu ou de M. Thiers; c'est surtout contre l'Assemblée nationale qui n'a pas voulu venir siéger à Paris !

Les excès commis dernièrement par la populace parisienne, dirigée par le gouvernement qu'elle s'était donné, ont rappelé au monde entier que cette capitale si orgueilleuse de ses prétendues lumières avait donné à Garibaldi 200 mille voix, une immense majorité, pour la représenter à l'Assemblée nationale. Comme c'était patriotique et français!... Certes, on ne dira pas que cette nomination ait eu lieu sous l'influence d'une terreur qui n'existait pas alors. On doit donc y voir l'expression spontanée de l'esprit public des Parisiens, qui oubliaient volontairement que ce forban italien avait été l'insulteur de la France autant que de la Papauté. O Parisiens, vous aviez conquis l'estime des nations étrangères par votre longue et persévérante défense contre les Prussiens, vous l'avez perdue par vos folies poussées peu à peu jusqu'aux derniers paroxysmes d'une aveugle fureur. Vous avez attiré sur vos têtes les jugements les plus sévères du monde civilisé. Aussi la France prétend désormais ne pas vous abandonner la direction de ses destinées. Le siége du gouvernement sera ou sur les bords de la Loire, ou, comme dernière concession, à Versailles; mais il ne sera plus à Paris.

APPENDICE.

On ne sait pas assez la part immense que l'Internationale a eue à cette insurrection ; quand une enquête sérieuse aura été faite et terminée sur les faits qui ont soulevé la population de Paris, on devra peut-être plaider pour elle des circonstances atténuantes, en montrant que c'était un immense complot, qui, loin d'être local, était l'œuvre du prolétariat de toutes les nations civilisées.

Nous aurions dû être plus vivement frappés que nous ne l'avons été de l'ouvrage de M. Oscar Testut, qui a paru à Lyon il y a juste une année, et qui dévoilait déjà cette conspiration audacieuse, toujours prête à choisir, pour éclater, le lieu le plus favorable à ses desseins.

Nous commençons par citer ici le programme de la section de la démocratie socialiste à Genève, déclarée internationale par le conseil général de Londres au mois de juillet 1869. Ce sera un premier aperçu des doctrines et des tendances de la redoutable association. On y verra, dès la première ligne, une profession de foi qui semble marquer d'un signe maudit le drapeau de l'Internationale.

« 1. L'*Alliance* se déclare athée; elle veut l'abolition des cultes, la substitution de la science à la foi et de la justice humaine à la justice divine, l'abolition du mariage en tant qu'institution politique, religieuse, juridique et civile.

« 2. Elle veut avant tout l'abolition définitive et entière des classes et l'égalisation politique, économique et sociale des individus des deux sexes, et pour arriver à ce but, elle demande avant tout l'abolition du droit d'héritage, afin qu'à l'avenir la jouissance soit égale à la production de chacun, et que, conformément à la décision prise par le dernier congrès des ouvriers à Bruxelles, la terre, les instruments de travail, comme tout autre capital, devenant la propriété collective de la société tout entière, ne puissent être utilisés que par les travailleurs, c'est-à-dire par les associations agricoles et industrielles.

« 3. Elle veut pour les enfants des deux sexes, dès leur naissance à la vie, l'égalité des moyens de développement, c'est-à-dire d'entretien, d'éducation et d'instruction à tous les degrés de la science, de l'industrie, des arts, convaincue que cette égalité, d'abord seulement économique et sociale, aura pour résultat d'amener de plus en plus une plus grande égalité naturelle des individus, en faisant disparaître toutes les inégalités factices, produits historiques d'une organisation sociale aussi fausse qu'inique.

« 4. Ennemie de tout despotisme, ne reconnaissant d'autre forme politique que la forme républicaine, et rejetant absolument toute alliance réactionnaire, elle repousse aussi toute action politique qui n'aurait point pour but immédiat et direct le triomphe de la cause des travailleurs contre le capital.

« 5. Elle reconnaît que les Etats politiques et autoritaires actuellement existants, se réduisant de plus en plus aux simples fonctions administratives des services publics dans leur pays respectif, devront disparaître dans l'union universelle des libres associations, tant agricoles qu'industrielles.

« 6. La question sociale ne pouvant trouver sa solution définitive et réelle que sur la base de la solidarité universelle et internationale des travailleurs de tous les pays, l'*Alliance* repousse toute politique fondée sur le soi-disant patriotisme et sur la rivalité des nations.

« 7. Elle veut l'association universelle de toutes les associations locales par la liberté. »

« L'organisation de l'Internationale se résume dans trois termes : conseil général ou central, conseil fédéral, section.

« Le conseil général est le centre où aboutissent les fédérations ouvrières du monde entier. Son siége est maintenant à Londres, mais il peut être changé.

« Il se compose d'ouvriers représentant les différentes nations faisant partie de l'association internationale. Les membres du bureau sont pris dans son sein ; il y a un président, un secrétaire général, un trésorier, et autant de secrétaires particuliers qu'il y a de différents pays où se trouvent les sections de l'Internationale. Ainsi, au conseil fédéral de Paris, M. Shaw est secrétaire pour correspondance avec l'Amérique, M. Karl Marx pour l'Allemagne, M. Eugène Dupont pour la France (1).

« Chaque année le congrès indique le siége du conseil général et procède à la nomination de ses membres. La discussion du siége du conseil général et du lieu de réunion du pro-

______

(1) M. Oscar Testut, *Association internationale des travailleurs*. — Cela était écrit au mois d'avril 1870.

chain congrès figure en tête du programme des questions sou-
mises à sa discussion. A chaque congrès le conseil général est
tenu de présenter un rapport public des travaux de l'année...
Chaque trimestre, il est tenu de faire connaître l'état des classes
laborieuses dans tous les pays, la situation des sociétés coopé-
ratives, les prix des salaires, les adhésions qui se sont produites, les grèves qui ont pu éclater, les résultats obtenus, etc. A
cet effet, une communication écrite est adressée au secrétaire de
chaque section ; elle est reproduite dans les journaux de l'association (1)...

« Dans les grandes agglomérations, il existe à la fois un conseil fédéral et des sections ; à Paris, par exemple, nous trouvons
les sections de Vaugirard, de Meudon, de Clichy, de Puteaux,
des Batignolles, de Belleville, de l'Est (faubourg Saint-Denis),
de la Maison-Blanche, etc. (2)

« On commence par faire organiser en sociétés de pré-
voyance, de crédit ou autres les corporations dont on recherche
les adhésions (3).

« La France a eu depuis 1869 plusieurs de ces sociétés ;
dans chacune d'elles la main de l'Internationale s'est fait sentir, et à mesure que les grèves se sont produites, les corporations ont acquitté par leur affiliation leur dette de reconnais-
sance (4).

« Le premier congrès général s'est tenu à Genève le 3 septembre 1866, le congrès suivant à Lausanne le 2 septembre

(1) M. Oscar Testut, p. 40.
(2) Ibid., p. 49.
(3) Ibid., p. 57.
(4) Ibid., p. 76.

1867, le congrès de Bruxelles du 6 au 13 septembre 1868, le congrès de Bâle en 1869.

« Le congrès de Bruxelles avait décidé que les voies de communication devaient rester à la collectivité sociale, de même que le sol, les mines, carrières, houillères, chemins de fer.

« Le congrès de Bâle alla plus loin ; par un article formel, il adopta à une immense majorité la résolution suivante : « Née « de la violence et de l'usurpation, la propriété individuelle « doit disparaître devant la propriété foncière réglée par les « communes organisées fédérativement. »

« Voici maintenant comment, d'après la feuille *l'Internationale*, l'association entendrait réaliser ses théories et vaincre les résistances qui s'opposeraient à leur application :

« Une fois groupés, comme les travailleurs font la grande « majorité de la nation, leurs destinées seront dans leurs mains ; « tout ce qu'ils auront résolu, ils l'exécuteront.

« Mais, dira-t-on, croyez-vous que les privilégiés se laisse- « ront bénévolement dépouiller de leurs priviléges ?

« A cela nous n'avons qu'une chose à répondre : ce que le « peuple voudra, il l'exécutera. Ce qu'on ne voudra pas lui ac- « corder, il se l'accordera à lui-même. Si le petit nombre, qui « aujourd'hui nous régente, veut tenter une prise d'armes, il « subira la responsabilité de son écrasement, parce que tout se « fera par la grande majorité. Point de dictature de quelques « uns, puisque c'est le peuple entier qui agira. Le peuple sui- « vra sa route, envoyant dédaigneusement rouler dans le ruis- « seau ceux qui voudront s'opposer à sa marche. »

« En Allemagne, l'association internationale comptait un million d'adeptes en 1870, plus de deux cent mille en Belgique, et un nombre très-considérable en Amérique, en Angleterre, etc. (1) »

Il est donc clair qu'en transportant plusieurs milliers d'hommes sur un point donné, dans un moment de trouble et de confusion, l'Internationale peut toujours produire une sédition et consommer même une révolution, qui durerait jusqu'à ce qu'on eût reconnu l'impossibilité de constituer une société selon ses doctrines. Or c'est un peu ce qui s'est passé à Paris, où des aventuriers étrangers s'étaient donné rendez-vous de tous les coins non seulement de l'Europe, mais du monde. On a vu une population moitié fascinée par de décevants mirages, moitié dominée par une terreur fortement organisée, se courber sous le joug de quelques inconnus et combattre, au nom de principes qu'ils ne comprenaient pas, la France entière représentée par le suffrage universel.

Ce sont ces meneurs et non le vrai Paris qui ont prétendu imposer à l'Assemblée nationale la promulgation *d'une loi électorale telle que la représentation des villes ne soit plus à l'avenir absorbée et comme noyée dans la représentation des campagnes* (2).

On n'oubliera jamais l'éloquente réponse qu'a faite M. Victor Lefranc à cette extravagante prétention : « Les villes, « disait-il, se font avec les campagnes, et les campagnes avec « les villes : les intérêts partent des unes et des autres pour « venir vers celles-ci et vers celles-là ; et c'est cet échange qui « fait de nos villes et de nos campagnes la France, la vraie « France, la grande France (3). » (Séance du 8 mai 1871.)

---

(1) M. Oscar Testut, ibid., p. 225 et passim.

(2) *Journal officiel* de la Commune du 27 mars 1871.

(3) Il y a là une observation qui a échappé à M. Victor Lefranc. Le noyau

C'est en effet un phénomène semblable à celui de la circulation du sang dans le corps humain ; si vous voulez changer cette circulation par des moyens artificiels, vous tuerez le malade que vous voulez guérir.

Nous citerons en finissant ces réflexions très-sages d'un publiciste du Dauphiné :

« Où conduit-on la France avec ces étranges, ces incroya-
« bles théories ? Hélas ! le seul résultat que pourrait avoir le
« triomphe momentané de ces comités anonymes, qui élèvent
« le drapeau de l'insurrection contre l'Assemblée nationale, est
« facile à prévoir.

« Le pays serait livré à l'anarchie et à la désorganisation.
« Il n'y aurait plus ni lois, ni gouvernement central, ni patrie.
« Le territoire, morcelé en autant de gouvernements qu'il y
« aurait de communes *autonomes* ou *souveraines*, serait livré
« aux expériences de novateurs inconnus qui veulent faire
« sur lui l'essai de leurs systèmes. Sous prétexte de fédération
« et de réformes sociales, on tarirait les sources du crédit, du
« travail, de l'industrie, du commerce ; on réduirait tout le
« monde, ouvriers et patrons, travailleurs des bras et travail-

---

des grandes villes, qui renferme ce qu'elles ont de plus éclairé, est d'accord dans ses votes avec les campagnes ; ce sont les faubourgs annexés à ces villes qui y représentent les opinions ultra-démocratiques, et qui leur imposent leurs choix municipaux. Si on n'avait pas réuni à Lyon les *villes* de la Croix-Rousse, Vaise et la Guillotière pour n'en faire qu'une seule commune, Lyon voterait tout autrement. Marseille a également étendu démesurément l'enceinte de son octroi, et elle paye de la perte de sa tranquillité l'accroissement de ses revenus. On sait ce que Paris a gagné à s'annexer la Villette, Belleville, etc. L'expérience devrait bien ouvrir sur ce point les yeux à ceux qui nous gouvernent. Pour notre compte, nous regrettons profondément que l'Assemblée nationale ait repoussé sur ce point le sage amendement de M. Raudot.

« leurs de l'intelligence, commerçants et propriétaires, à une
« ruine générale.

« Il n'est plus question d'ailleurs, qu'on se le dise bien,
« pour les hommes de la commune affranchie, d'une forme de
« gouvernement. Le gouvernement central leur importe assez
« peu, puisqu'ils se proposent de lui signifier leur *ultimatum*
« et de traiter avec lui comme ils traiteraient avec un gouver-
« nement étranger. Ils feront, disent-ils, reconnaître et garan-
« tir par le pouvoir central, *quel qu'il puisse être*, le statut de
« l'autonomie municipale.

« Au milieu de ce chaos de villes libres renouvelé du
« moyen âge, dans cette liquidation d'une organisation poli-
« tique et sociale, œuvre de l'expérience des siècles passés,
« qu'on entend refondre et rétablir sur des bases nouvelles,
« que deviendraient toutes les affaires, tous les intérêts pu-
« blics et privés?

« On peut prévoir ce que les exécuteurs de la liquidation
« sociale feraient

« Des établissements de crédit, Banque de France, crédit
« foncier, crédit mobilier, etc., et, à leur suite, de toutes les
« maisons de banque et des immenses capitaux engagés dans
« toutes ces entreprises;

« Des établissements industriels et manufacturiers, des
« sociétés par actions et de toutes les entreprises de ce genre;

« Des chemins de fer, des actions et obligations de ces
« compagnies;

« Des rentes et des pensions civiles et militaires sur l'Etat.

« On appliquerait sans doute à tout cela le *mutuellisme* et la
« *collectivité*.

« Les possesseurs de toutes ces valeurs, qui représentent au

« moins la moitié de la fortune du pays, et qu'on évaluait il y a
« quelques années à plus de quarante milliards, devraient les
« remettre aux mains des *liquidateurs sociaux*.

« Les ouvriers, dépourvus de capital et de crédit, placés
« sous le niveau de l'*équivalence des fonctions* ou de *l'égalité*
« *des salaires*, seraient promptement réduits à la détresse et à
« la misère, et gémiraient tôt ou tard sur la folie des insensés
« qui ont tué la poule aux œufs d'or.

« Et les impôts nécessaires pour alimenter ce vaste méca-
« nisme qu'on appelle le gouvernement d'un pays, pour rému-
« nérer tous ceux qui travaillent pour le service public, qui
« les payera, à travers cette fédération de communes *souve-*
« *raines* érigées en autant dé gouvernements indépendants ?

« Et les cinq milliards qu'il faut compter à la Prusse, où
« les prendra-t-on ? L'emprunt seul peut les procurer. Quels
« banquiers, quels capitalistes en Europe consentiraient à prê-
« ter à la fédération communale ? L'association internationale
« n'a-t-elle pas déclaré, depuis plusieurs années, la guerre au
« capital et à tous ceux qui en possèdent une parcelle ?

« Les novateurs qui veulent procéder à la régénération pu-
« blique et sociale de la France et du monde ne les traitent-ils
« pas d'ennemis et d'exploiteurs du travail ?

« Et si nous ne pouvons pas payer ces cinq milliards, y a-
« t-il au bout de toute cette anarchie, de toutes ces saturnales
« révolutionnaires, autre chose que l'occupation prussienne, la
« ruine générale pour cinquante ans et plus, et la dislocation
« de l'unité de la France (1) ? »

(1) *La Commune de Paris et son programme*, par Paul Thibaud, articles
insérés d'abord dans l'*Impartial dauphinois*. Grenoble, chez Maisonville et
fils, rue du Quai, n° 8.

Le défaut de beaucoup de publicistes, auquel n'échappe pas entièrement M. Oscar Testut, est de présenter l'antagonisme avec l'Internationale comme produisant une lutte où il n'y a absolument rien à faire avec les ouvriers que de les comprimer ou de les repousser par la force. Au contraire, nous pensons que l'on doit employer avec eux la voie de la persuasion ; il faut prouver aux ouvriers que toute espèce de liquidation *forcée* serait une ruine pour eux comme pour tout le monde. C'est ce qui est reconnu maintenant en Allemagne et ailleurs par leurs meilleurs amis, tels que M. Schutze Delitsche et autres. On peut demander et obtenir des améliorations progressives sans bouleverser les conditions mêmes de l'ordre social et sans chercher à faire tenir des pyramides en l'air.

C'est là, au surplus, notre seule et dernière espérance. En dehors d'elle, on n'entrevoit plus que persécutions et tyrannie (1).

____

(1) Voici comment s'exprime au sujet des derniers événements de Paris l'*International*, journal officiel de la société :

« L'incendie de Paris, nous en acceptons la responsabilité. La vieille société « doit périr ; elle périra.

« Un effort gigantesque l'a déjà ébranlée ; un dernier effort va la jeter à « bas. »

NOTES ET PIÈCES JUSTIFICATIVES.

Il ne faut pas croire que la question du siége de la réunion des Assemblées nationales soit une question nouvelle.

Tout le monde sait que dans le temps de l'ancienne monarchie les Etats-Généraux ne se sont réunis à Paris que très-exceptionnellement.

En 1787 et 1788, cette question fut très-vivement agitée, et un publiciste qui devint par la suite un conventionnel tristement célèbre, Barrère, s'exprimait ainsi :

« Paris n'est pas le lieu convenable aux Assemblées nationales : il y
« a trop d'influences corruptrices, malfaisantes, exagérées et calom-
« niatrices. Ce n'est pas pour de faibles causes que, dans l'ancienne
« monarchie, les Etats-Généraux se tenaient habituellement dans dif-
« férentes villes de province. Sans doute, si l'opinion des masses n'é-
« tait pas sujette à se corrompre, si l'esprit public n'était pas trop
« souvent frelaté et de fabrique, si la vertu civique et un patriotisme
« éclairé dirigeaient toujours les journalistes, les publicistes et les
« réunions publiques, ainsi que les salons, qui ont acquis trop
« d'influence sur les affaires générales, alors plus de doute que les
« assemblées de la nation ne fussent mieux placées dans le sein de la
« capitale que dans les provinces... Mais quand ce vœu sera-t-il ac-

« compli? Quand y aura-t-il plus de nationalité et plus de morale à
« Paris, et moins d'égoïsme dans toutes les classes ? »

Dumouriez témoignait un semblable éloignement pour Paris, au
sujet de la même question.

« Paris, dit-il, commençait à montrer une grande fermentation. Cette
« ville, comme toutes les capitales fort peuplées, était le centre de la
« corruption et des intrigues. Si on y assemblait les Etats-Généraux,
« ils pouvaient y être influencés par l'or et les intrigues de la cour, ou
« être entraînés dans des partis violents par les factieux. J'en parlai
« à M. de Malesherbes. Cet homme éclairé convint de la vérité de ces
« observations et se chargea d'amener à cette opinion le ministre
« La Luzerne, son neveu. Je me chargeai de solliciter M. de Montmo-
« rin, ministre des affaires étrangères, que je connaissais beaucoup.
« Nous indiquâmes à ces ministres la ville de *Bourges* ou celle de
« *Tours*, qui toutes deux sont centrales. Leurs efforts furent inutiles.
« Montmorin annonça, comme une grande victoire qu'il venait d'ob-
« tenir, que les Etats-Généraux seraient rassemblés à Versailles. Je ne
« pus m'empêcher de gémir tout haut sur les malheurs que je pré-
« voyais. Je ne revins plus à Versailles, regardant dès lors tous ceux
« qui y régnaient comme des enfants imprudents qui jouaient avec
« des charbons ardents et mettaient le feu à la maison (1). »

M. de Barentin, s'il faut en croire ses Mémoires, proposa de réunir
les Etats-Généraux à Soissons ; Necker insista pour Paris ; les autres
ministres adoptèrent Versailles comme terme moyen (2).

(1) Dumouriez, *Mémoires*, tome II, pages 19 et 20.

(2) M. de Barentin, *Mémoires*, pages 104, 106 et 107.

M. de Cassagnac, tome II, page 593 de son *Histoire des causes de la Révolution*,
réfute l'allégation de Necker, qui prétend que tout le monde fut d'accord pour adopter
Versailles. « C'est là, dit-il, une méprise de sa mémoire ou une dissimulation de sa
vanité. »

TABLE DES MATIÈRES.

FIN DE LA TABLE.